Student Notebook

Level 1

FIRST EDITION

Wilson Language Training Corporation
www.wilsonlanguage.com
www.fundations.com

Fundations® Student Notebook 1

Item # STNBK1

ISBN 978-1-56778-205-9

FIRST EDITION

PUBLISHED BY:

Wilson Language Training Corporation
47 Old Webster Road
Oxford, MA 01540
United States of America

(800) 899-8454

www.wilsonlanguage.com

Printed in the U.S.A.

May 2007

Consonants

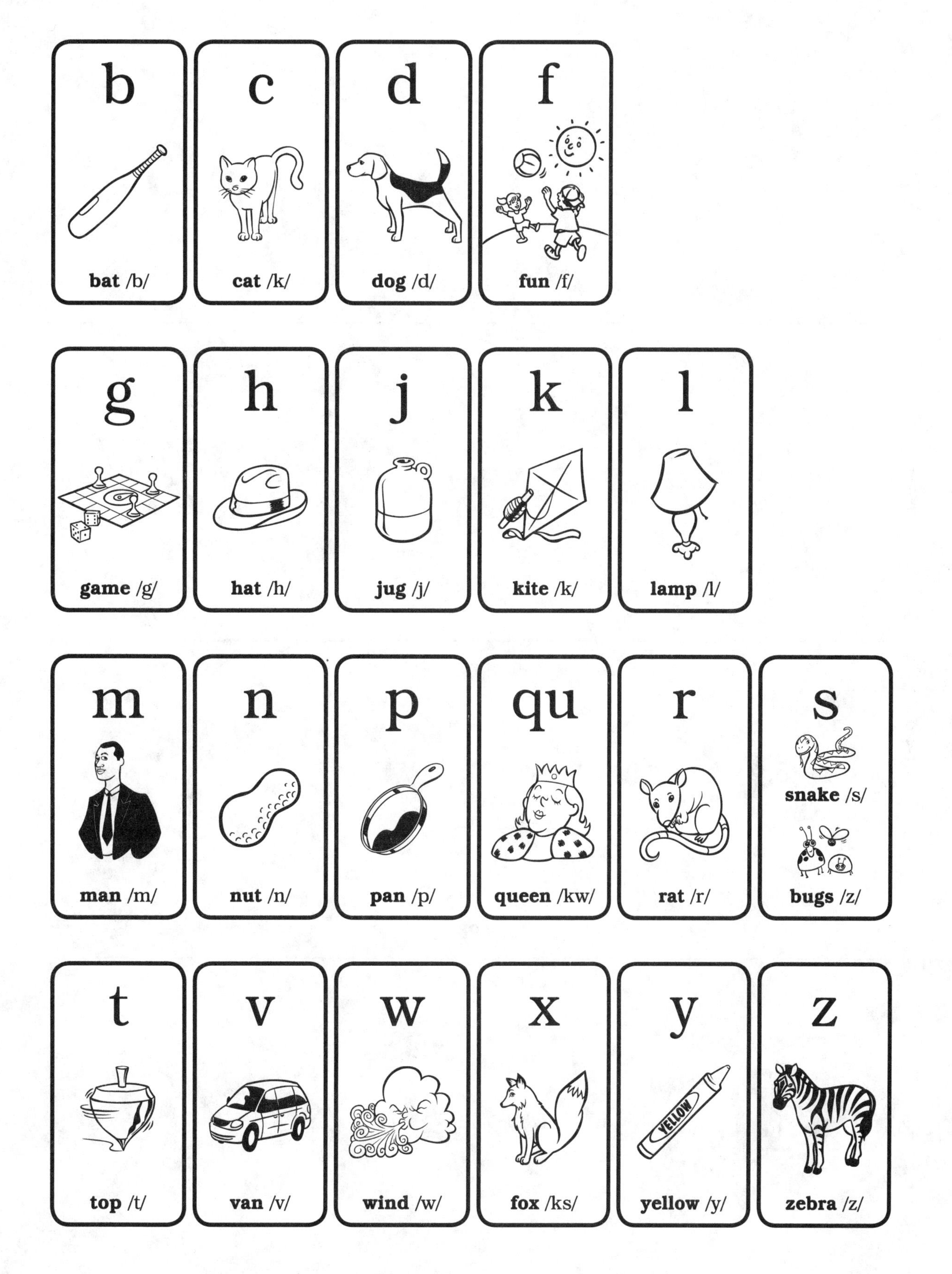
b
bat /b/
c
cat /k/
d
dog /d/
f
fun /f/
g
game /g/
h
hat /h/
j
jug /j/
k
kite /k/
l
lamp /l/
m
man /m/
n
nut /n/
p
pan /p/
qu
queen /kw/
r
rat /r/
s
snake /s/
bugs /z/
t
top /t/
v
van /v/
w
wind /w/
x
fox /ks/
y
YELLOW
yellow /y/
z
zebra /z/

Consonants

b 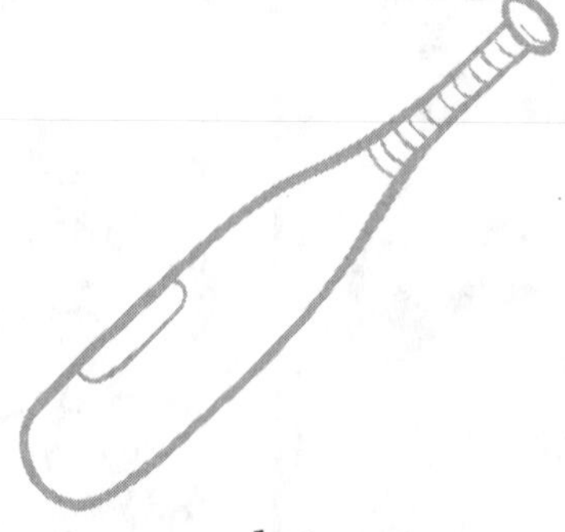 /b/

bat

c  /k/

cat

d 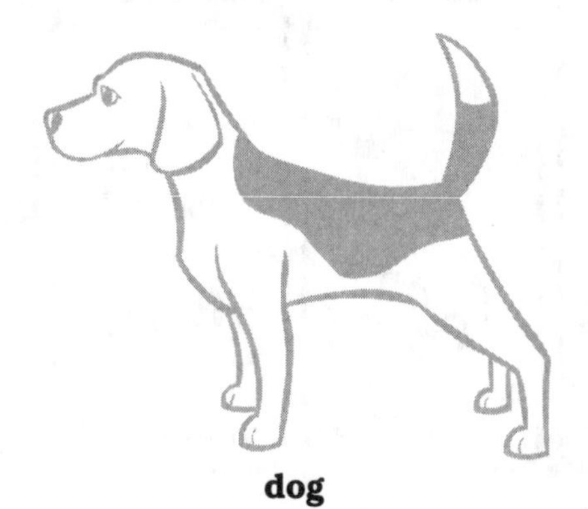 /d/

dog

f  /f/

fun

Consonants

g  /g/

game

---

h  /h/

hat

---

j 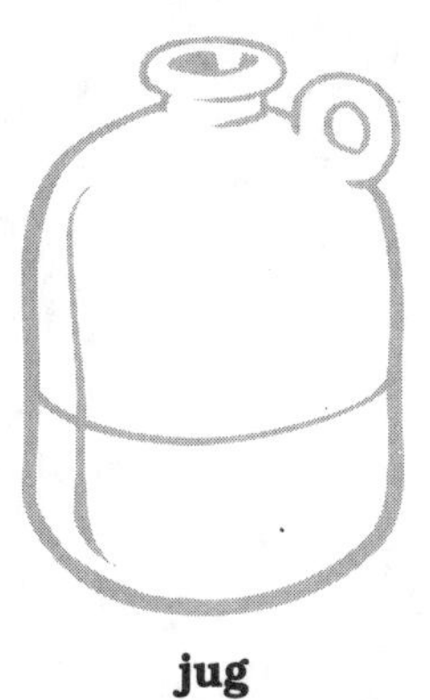 /j/

jug

---

k 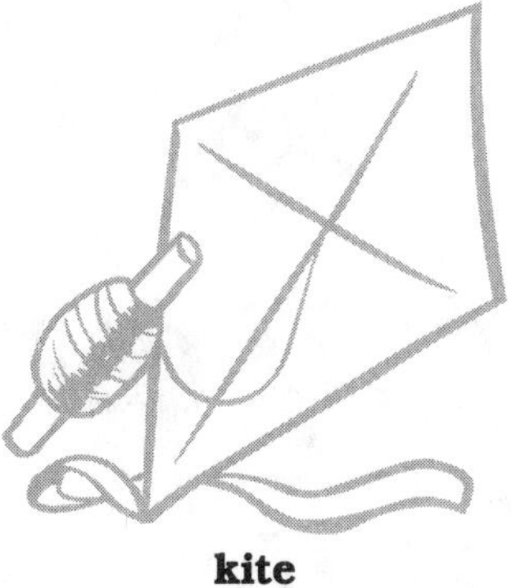 /k/

kite

Consonants

l	 lamp	/l/
m	 man	/m/
n	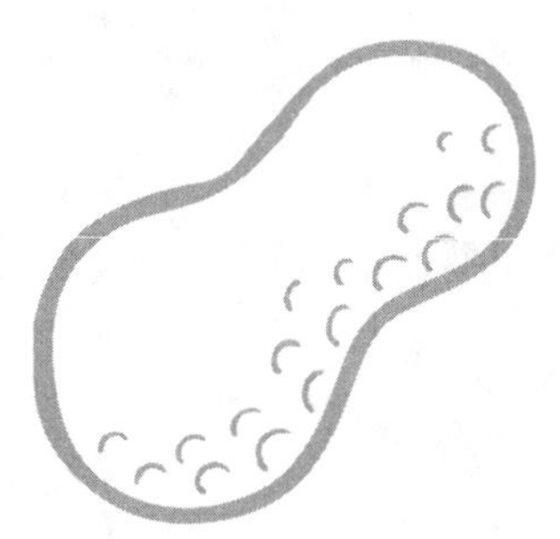 nut	/n/
p	 pan	/p/

Consonants

qu

queen

/kw/

---

r

rat

/r/

---

s

snake

/s/

---

s

bugs

/z/

Consonants

t

top

/t/

v

van

/v/

w

wind

/w/

x

fox

/ks/

Consonants

y

yellow

/y/

---

z

zebra

/z/

Consonants

Consonant Digraph

Two consonants combined that stick together making one sound.

Blend

Two or more consonants in a row. They each say their own sound.

Digraph Blend

A digraph is combined with another consonant. The digraph says its sound. The consonant says its sound too.

Digraphs

ch  /ch/

chin

ck 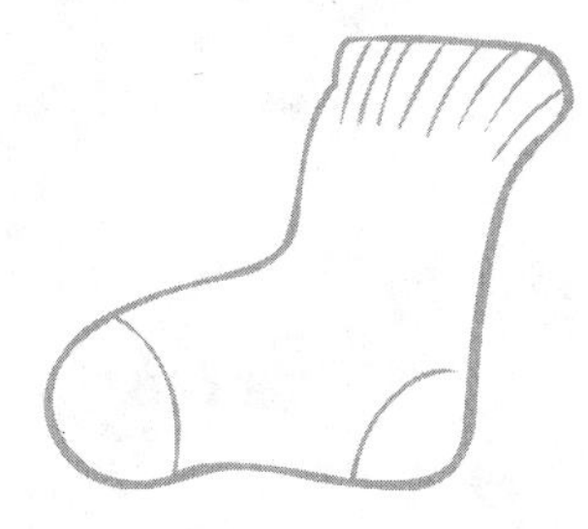 /k/

sock

sh  /sh/

ship

th  /th/

thumb

wh  /w/

whistle

Short Vowels

a  /ă/

apple

---

e  /ĕ/

Ed

---

i  /ĭ/

itch

---

o  /ŏ/

octopus

---

u 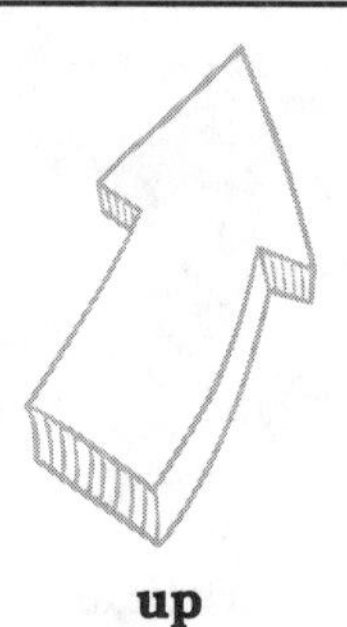 /ŭ/

up

Glued Sounds

all  /ȯl/

ball

---

an  /an/

fan

---

am  /am/

ham

Glued Sounds

ng

ang  /ang/

fang

ing  /ing/

ring

ong  /ong/

song

ung 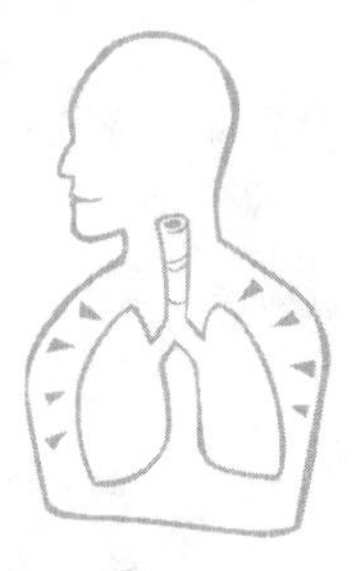 /ung/

lung

nk

ank  /ank/

bank

ink 

/ink/

pink

onk 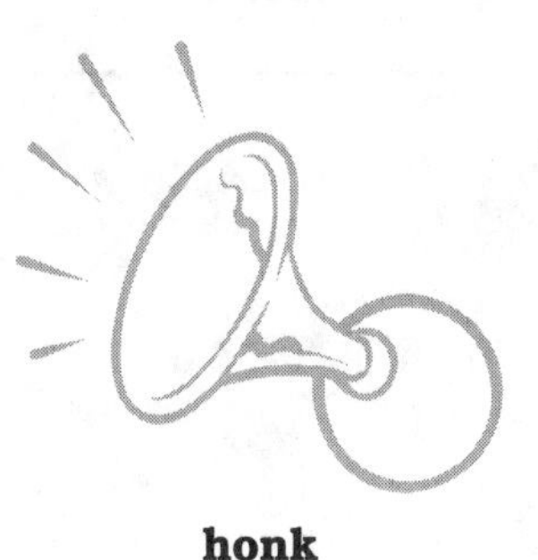 /onk/

honk

unk  /unk/

junk

Vowel-Consonant-e

a 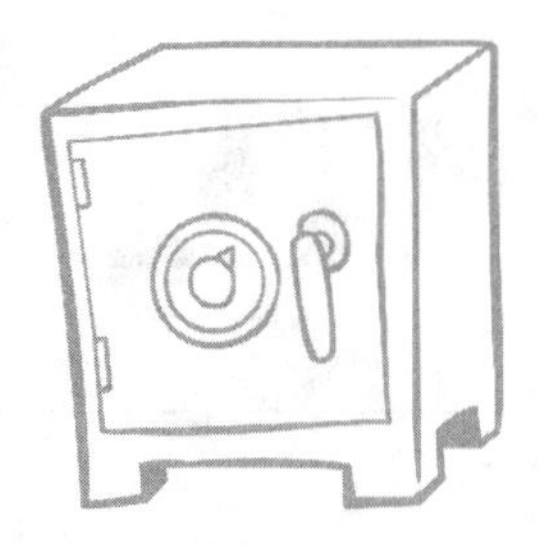 /ā/

safe

---

e 

/ē/

Pete

---

i  /ī/

pine

---

o  /ō/

home

---

u  /ū/  /ü/

mule

rule

Vowels

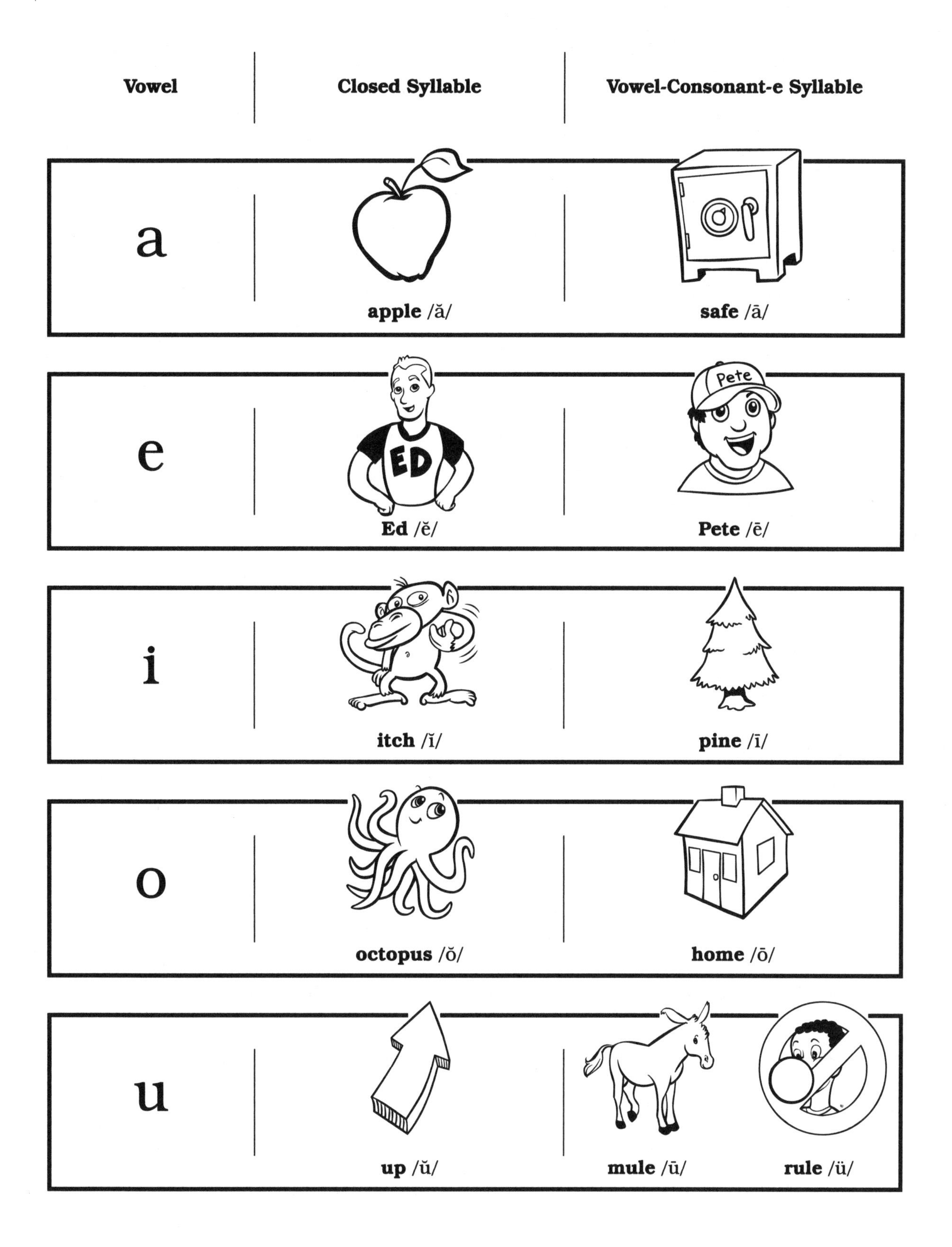
Vowel
Closed Syllable
Vowel-Consonant-e Syllable
a
apple /ă/
safe /ā/
e
ED
Ed /ĕ/
Pete
Pete /ē/
i
itch /ĭ/
pine /ī/
o
octopus /ŏ/
home /ō/
u
up /ŭ/
mule /ū/
rule /ü/

What is a Syllable?

A syllable is a word or part of a word made by **one push of breath**.

A syllable must have a least **one vowel**.

Closed Syllables

1. A closed syllable has only **one vowel**.
2. The vowel is followed by **one** or **more consonants** (closed in).
3. The vowel sound is **short**. Mark it with a breve (˘).

4. Closed syllables can be combined to make **multi-syllabic** words.

Vowel-Consonant-e Syllables

1. This syllable has a **vowel**, then a **consonant**, then an **e**.
2. The first vowel is **long**. Mark it with a macron (-).
3. The **e** is silent.

SYLLABLES

1 The Bonus Letter Rule for ff, ll, ss, and sometimes zz

At the end of a **one** syllable word, if the word ends in **one** vowel followed by an **f**, **l**, or **s**, you double that consonant.

ff

ll

ss

SPELLING

The letter **z** is also doubled in some words.

zz

The letter **a**, followed by a **double ll**, does not have the expected short vowel sound.

all

2 Three ways to spell /k/

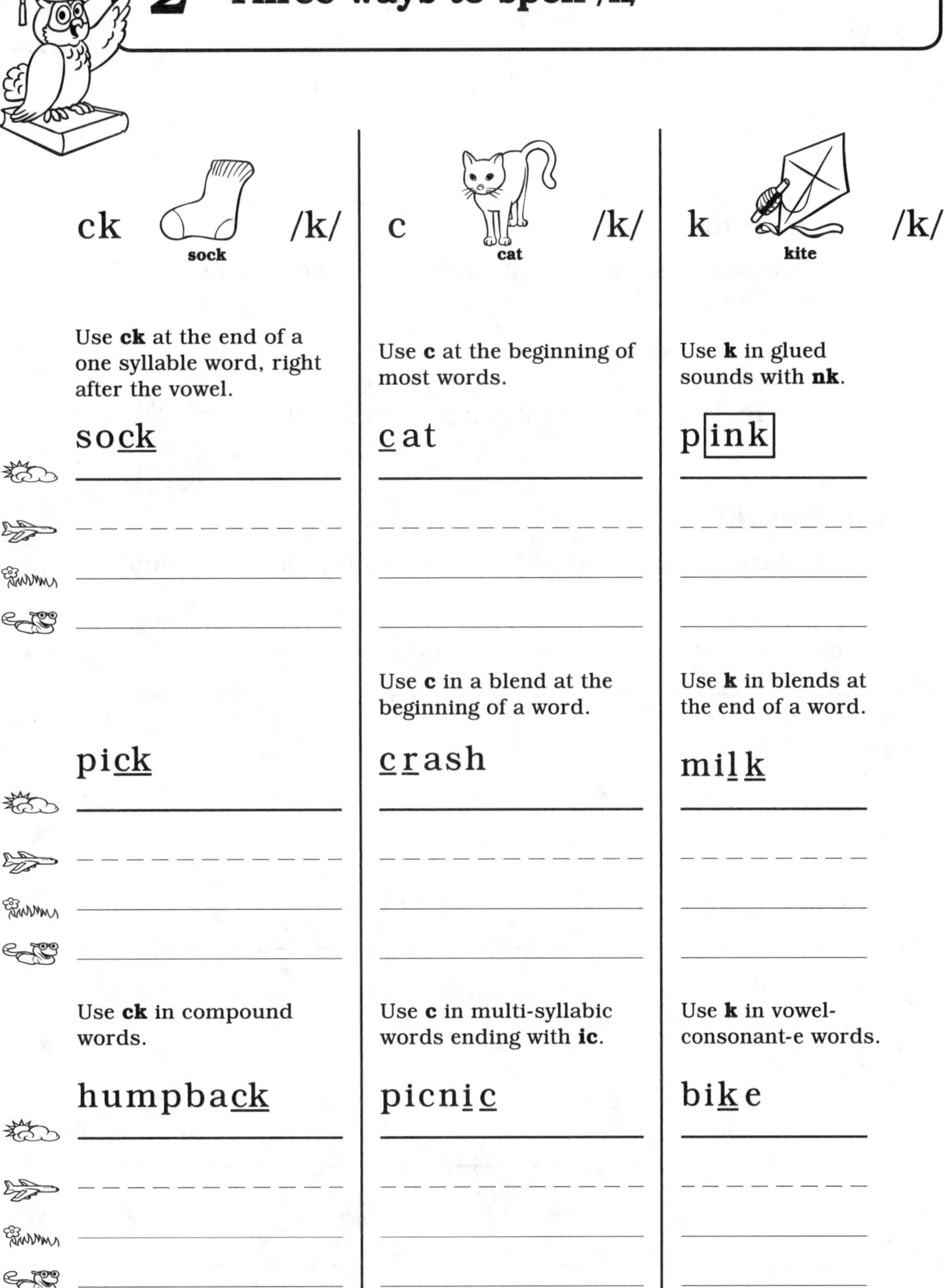

ck /k/ (sock)	c /k/ (cat)	k /k/ (kite)
Use **ck** at the end of a one syllable word, right after the vowel.	Use **c** at the beginning of most words.	Use **k** in glued sounds with **nk**.
sock	cat	pink
	Use **c** in a blend at the beginning of a word.	Use **k** in blends at the end of a word.
pick	crash	milk
Use **ck** in compound words.	Use **c** in multi-syllabic words ending with **ic**.	Use **k** in vowel-consonant-e words.
humpback	picnic	bike

SPELLING

SPELLING

3 The Baseword/Suffix Rules

Baseword

A **baseword** is a word that can stand alone as a word or have something added to it.

Suffix

A **suffix** is an ending that can be added to a baseword.

Plurals

A **plural** word is a word that means more than one thing.

Most nouns add **s** to make them plural.

Nouns ending in **s**, **x**, **z**, **ch** and **sh** add **es**.

Consonant Suffix

s

bug + s =

Vowel Suffixes

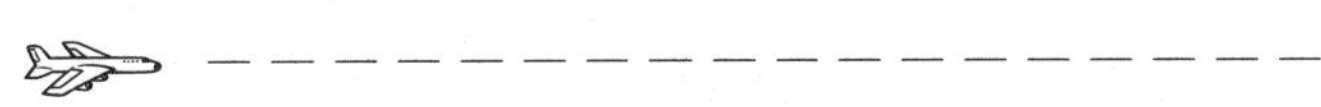

es

box + es =

ing

fish + ing =

ed

rent + ed =

Vocabulary

Aa

A B C D E F

Aa

Bb

Bb

Vocabulary

Bb

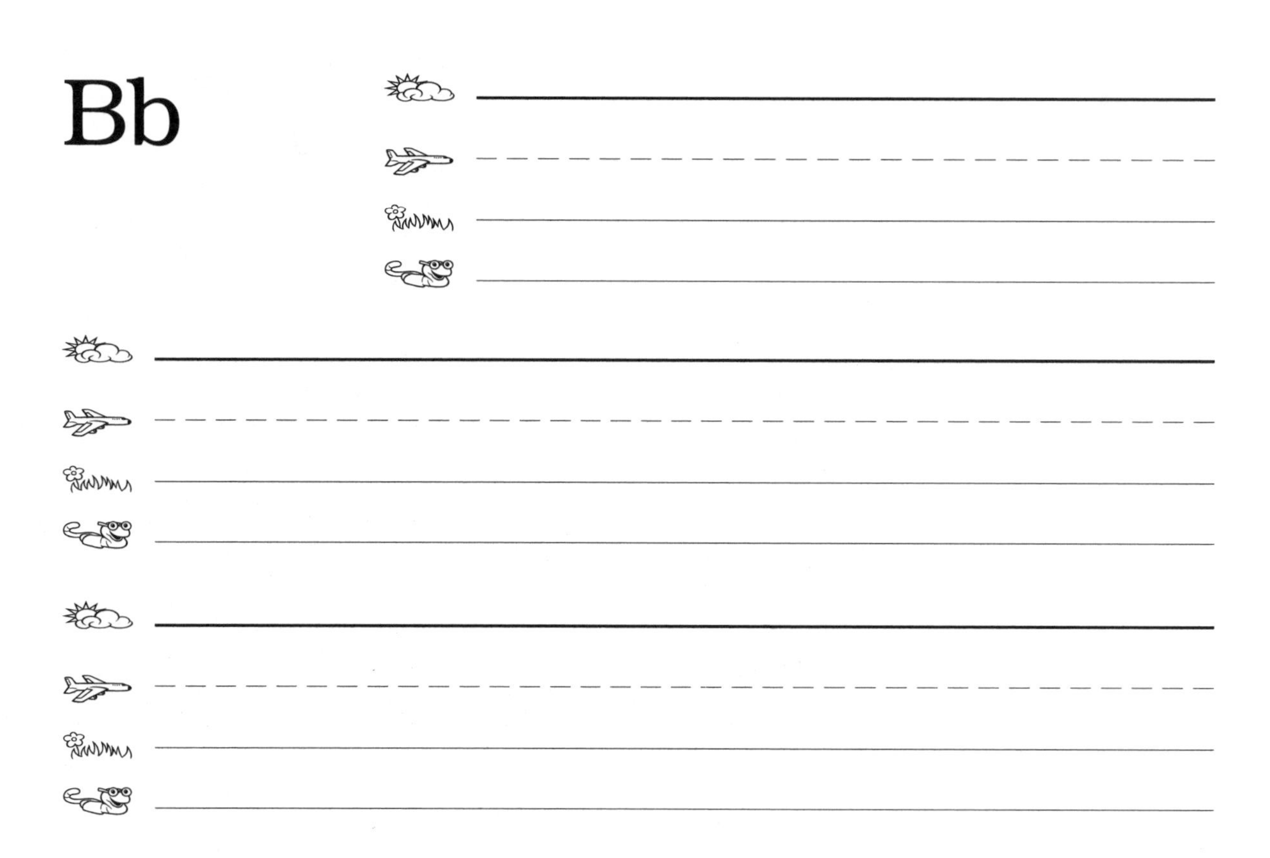

A B C D E F

Bb

Bb

Vocabulary

Bb

Bb

Cc

Cc

Vocabulary

Cc

Cc

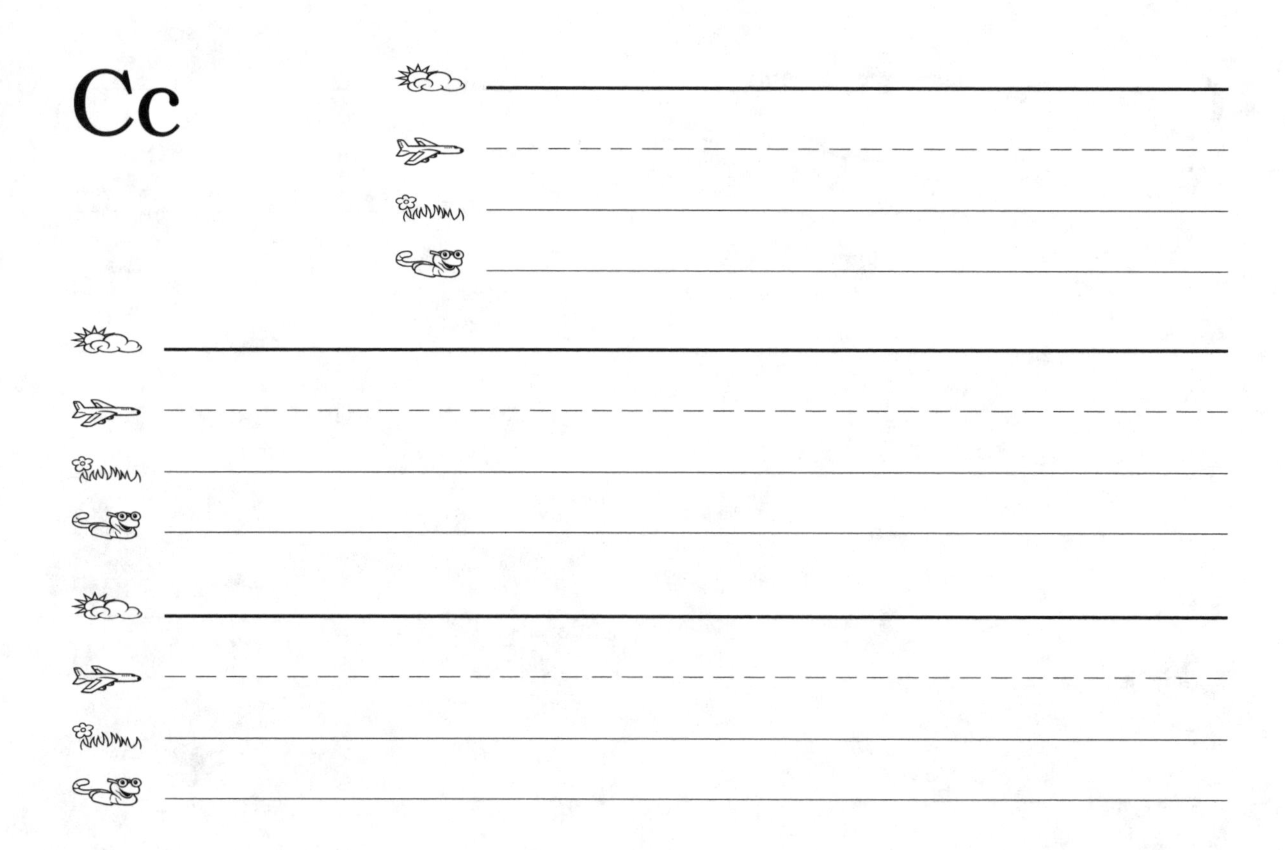

Cc

Dd

A B C D E F

Vocabulary

Dd

Dd

Ee

Ee

Vocabulary

Ee

Ff

A B C D E F

Ff

Ff

Vocabulary

Ff

Ff

ABCDEF

Ff

Ff

Vocabulary

Hh

Hh

G H I J K L

Vocabulary

Hh

Ii

Ii

Ii

Vocabulary

Jj

Jj

Vocabulary

Jj

Jj

GHIJKL

Vocabulary

Jj

Kk

GHIJKL

Kk

Ll

GHIJKL

Vocabulary

Ll

Ll

G H I J K L

Ll

Ll

Vocabulary

Ll

Ll

GHIJKL

Mm

Mm

Vocabulary

Mm

Mm

Nn

Nn

Vocabulary

Nn

Oo

MNOPQuRS

Pp

Pp

Vocabulary

Pp

Pp

Pp

Pp

Vocabulary

Qu qu

Qu qu

Qu qu

Rr

Vocabulary

Rr

Rr

M N O P Qu R S

Ss

Ss

Vocabulary

Ss

Ss

M N O P Qu R S

Ss

Ss

Vocabulary

Tt

Tt

Tt

Tt

Vocabulary

Tt

Tt

Uu

Uu

Vocabulary

Uu

Vv

Vv

Ww

Vocabulary

Ww

Ww

TUVWXYZ

Ww

Ww

Vocabulary

Yy

Yy

T U V W X Y Z

Yy

Zz

Trick Words

Aa

Aa

Aa

Aa

Aa

Aa

Aa

Aa

Aa

Aa

Aa

Bb

Trick Words

Bb	Bb
Bb	Cc
Bb	Cc
Bb	Cc
Bb	Cc
Bb	Cc

Trick Words

Cc

Ee

Dd

Ff

Dd

Ff

Dd

Ff

Dd

Ff

Dd

Ff

Gg	Hh
Hh	Ii
Hh	Ii
Hh	Ii
Hh	Ll
Hh	Ll

Trick Words

Mm Nn

Mm Nn

Mm Nn

Mm Nn

Mm Nn

Mm Nn

M N O P Qu R S

Oo

Oo

Oo

Oo

Oo

Oo

Oo

Oo

Oo

Pp

Oo

Pp

Trick Words

Pp	Ss
Pp	Ss
Rr	Ss
Ss	Ss
Ss	Ss
Ss	Ss

M N O P Qu R S

Trick Words

Tt

Tt

Tt

Uu

Tt

Vv

Tt

Vv

Tt

Ww

Tt

Ww

TUVWXYZ

Trick Words

Ww | Ww

Ww | Ww

Ww | Ww

Ww | Yy

Ww | Yy

Ww | Yy

TUVWXYZ